Galileo Galilei e la Torre di Pisa
Galileo Galilei and the Pisa Tower
A bilingual picture book about the Italian astronomer (Italian-English text)

Text by Nancy Bach
Illustrations by Leo Lätti
Copyright © 2013 Long Bridge Publishing. All rights reserved.

Find more books for bilingual children and Italian language students at:
www.LongBridgePublishing.com

> **Please note that the Italian and the English version of the story have been written to be as close as possible. In some cases though, they differ in order to accommodate nuances and fluidity of each language.**

Publisher's Cataloging in Publication Data

Nancy Bach
    Galileo Galilei e la Torre di Pisa - Galileo Galilei and the Pisa Tower: A bilingual picture book about the Italian astronomer (Italian-English text) / Nancy Bach; illustrated by Leo Lätti
        p.   cm.
    SUMMARY: Illustrated introduction to the Italian astronomer Galileo Galilei, his life, work and discoveries. Includes historical notes and question pages for readers comprehension review.
    ISBN-13: 978-1-938712-07-4
    ISBN-10: 1-938712-07-2
    1. Galileo Galilei -- Juvenile literature. 2. Galileo Galilei 3. Italian language materials -- Bilingual.
    4. Astronomers -- Biography -- Juvenile literature. 5. Astronomers.
        I. Title

Long Bridge Publishing
USA
www.LongBridgePublishing.com

ISBN-13: 978-1-938712-07-4
ISBN-10: 1-938712-07-2

Galileo Galilei
e la Torre di Pisa

Galileo Galilei
and the Pisa Tower

Italian-English Edition

Written by Nancy Bach
Illustrated by Leo Lätti

Long Bridge Publishing

"Marco, ma che stai facendo? Mi hai lasciato tirare senza bloccarmi!" gridò Franco al suo amico mentre la palla rotolava via. Ma Marco se ne stava immobile al centro della Piazza dei Miracoli di Pisa, fissando la cima della torre pendente. Anche Franco guardò su e vide un uomo in cima alla torre. Indossava un cappello color rosso brillante e teneva le braccia tese oltre la balaustra della torre.

"Marco, what are you doing? You let me shoot right past you!" Franco shouted to his friend as the soccer ball rolled away. But Marco stood in the middle of the Piazza dei Miracoli in Pisa, staring at the top of the Leaning Tower. Franco looked up too and spotted a man on the top of the tower. He wore a bright red hat and stretched his arms beyond the edge of the tower railing.

I ragazzini si domandarono cosa stesse facendo quell'uomo. Corsero alla base della torre e gridarono: " Ehi, che cosa stai facendo?"

"Guardate e capirete", rispose l'uomo. I ragazzini lo videro prima lanciare qualcosa dalla cima della torre e poi scomparire nell'ombra. Qualche minuto dopo l'uomo col cappello rosso apparve sulla porta alla base della torre.

I ragazzini gli corsero incontro. Marco fu il primo a parlare: "Che cosa succede? Che facevi lassù?"

L'uomo rispose: "Sto sperimentando, proprio come Galileo".

"Chi?" chiese Franco.

"Galileo. Sicuramente avrete sentito parlare di Galileo Galilei, vero?" chiese l'uomo.

I ragazzini si guardarono tra loro e poi guardarono l'uomo e scossero la testa.

"Bene, giovanotti, siete fortunati perché Galileo è il mio personaggio storico preferito e vi posso raccontare tutto quello che so di lui…"

The boys wondered what the man was up to. They ran to the base of the tower and shouted up, "Hey, what are you doing?"

"Watch and see," replied the man. The boys watched him drop something from the top of the tower and then disappear into the shadows. Several minutes later the man in the red hat appeared at a door at the base of the tower.

The two boys ran towards him. Marco was first, asking, "What's going on? What were you doing up there?"

The man replied, "I'm experimenting, just like Galileo."

"Who?" asked Franco.

"Galileo. Surely you've heard of Galileo Galilei, haven't you?" asked the man.

The boys glanced at each other, then looked at the man and shook their heads.

"Well, young men, you're in luck. Galileo is my favorite historical figure. I can tell you all about him…"

La storia comincia a Pisa, in Italia, trecento cinquanta anni fa. Vincenzo Galilei era un famoso musicista che suonava il liuto, uno strumento con le corde, simile ad una chitarra. Era anche uno scienziato e sapeva che la musica, la matematica e le scienze erano strettamente collegate. Vincenzo e sua moglie Giulia avevano un figlio di nome Galileo che amava la musica e sapeva suonare il liuto, e che diventò un matematico ed un grande scienziato.

Da ragazzino Galileo trascorreva tanto tempo nella Piazza dei Miracoli e talvolta passeggiava attorno alla torre di Pisa e la guardava da ogni lato, perché la torre era molto insolita. Pendeva da un lato senza cadere.

Perché non cadeva? Il giovane Galileo era molto curioso e amava misteri scientifici come questo.

La famiglia di Galileo si trasferì poi a Firenze, ma quando fu il momento di cominciare l'università, Galileo tornò a Pisa. Nella città Galileo rimaneva spesso alzato fino a tardi, sdraiato per terra per osservare le stelle che si muovevano lentamente dietro la Torre di Pisa.

The story starts in Pisa, Italy three hundred fifty years ago. Vincenzo Galilei was a noted musician who played the lute, an instrument with strings, a little like a guitar. He was a scientist too and knew that music and mathematics and science are all closely related. Vincenzo and his wife Giulia had a son they named Galileo, who also loved music, learned to play the lute, and grew up to be a mathematician and great scientist.

As a young boy Galileo spent hours playing in the Piazza dei Miracoli or sometimes just walking around the tower of Pisa and looking up at it from all sides, for the tower was very unusual. It leaned to the side but didn't fall over.

Why didn't it fall? Young Galileo was very curious about everything and loved scientific mysteries like this.

At one point his family moved to Florence, but when he was ready to go to college he returned to Pisa. There he often stayed up late at night lying on the ground and watching the stars move slowly past the Tower of Pisa.

Galileo voleva studiare medicina, ma poi si rese conto che per lui il mondo della natura era più interessante del mondo all'interno del corpo umano.

Passò agli studi di matematica e di fisica, che è la scienza che studia come si muovono le cose. Studiò le maree, osservando l'acqua del mare salire e scendere durante diversi momenti della giornata. Osservò l'oscillazione dei pendoli guardando i lampadari nella cattedrale di Pisa e poi costruì dei pendoli usando dei pesi attaccati a delle corde.

Galileo planned to study medicine, but he found the outside world of nature more interesting than the inside world of the body.

He switched to mathematics and physics, which is the science of how things move. He studied the tides in the sea, watching the water rise and fall at different times of the day. He observed how pendulums swing by watching the chandeliers in the cathedral in Pisa and then made his own pendulums with weights hanging from strings.

Galileo adorava sperimentare. Gli piaceva descrivere come funzionano le cose e poi convalidare le sue idee con degli esperimenti. Ogni tanto Galileo sperimentava nella sua testa. Una volta pensò di far cadere due palle di diverso peso per vedere quale arriva prima a terra. Altri scienziati pensavano che la palla più pesante cade più velocemente, ma Galileo ci pensò su e intuì che le due palle sarebbero cadute alla stessa velocità. Un allievo di Galileo poi usò la Torre di Pisa per eseguire questo esperimento del lancio delle palle.

Ai tempi di Galileo la maggior parte delle persone pensavano che il sole girasse attorno alla terra. Ma Galileo e altri pochi scienziati erano convinti che in realtà era la terra che girava attorno al sole. Quest'idea era così diversa da quello che si credeva a quei tempi che molte persone avevano paura di pensare in questo modo e non volevano che Galileo scrivesse queste cose. Galileo non s'infuriò né non lottò, ma continuò a lavorare sui suoi esperimenti per imparare più cose.

Galileo loved to experiment. He liked to describe ideas about how things worked and then prove his ideas with experiments. Sometimes Galileo did experiments in his mind. One of these was dropping two balls of different weights to see which would land first. Other scientists said a heavy ball would fall faster, but Galileo thought this through and predicted they would take the same amount of time. One of Galileo's students used the Leaning Tower of Pisa to test this ball drop experiment.

During Galileo's time most people thought the sun traveled around the earth. But Galileo and a few other scientists believed that the earth actually moved around the sun. This idea was so different from what others thought that some people were afraid to think about it and they didn't want Galileo to write about his beliefs. Galileo didn't get angry and fight back; he just kept working on his experiments to learn more about the world.

Sfortunatamente, quando Galileo scrisse un libro che spiegava le sue idee, alcune persone si arrabbiarono molto e lo portarono in giudizio. Il giudice dichiarò che Galileo sarebbe dovuto rimanere chiuso in casa per il resto della sua vita! Oh che cosa terribile per una persona che amava studiare la natura! Ma Galileo non lasciò che questa punizione impedisse il suo lavoro. Aveva 67 anni e trascorse gli ultimi dieci anni della sua vita studiando e scrivendo da casa sua. Fu durante questo periodo che scrisse i risultati di tutti gli studi che aveva fatto da giovane.

Galileo inventò o migliorò gli strumenti che utilizzava nei suoi studi - e che vendeva per guadagnare dei soldi. Costruì un termometro per misurare la temperatura. Fabbricò una compasso per indicare le direzioni. Costruì diversi tipi di telescopi per osservare le stelle. Usò i telescopi anche in maniera diversa, per guardare le cose da vicino, trasformando i telescopi in microscopi.

Unfortunately when Galileo wrote a book about his beliefs, some people got very upset and took him to court. Afterwards the judge said that he would have to stay in his home for the rest of his life! Oh, what a hardship this was for the man who loved to study nature! But again Galileo didn't let this stop him. He was 67 years old, and spent the last ten years of his life doing more study and writing in his home. This is when he wrote the results of all the work he had done as a younger man.

Galileo invented or improved instruments to help him in his studies—and to earn some money by selling them. He developed a thermometer to measure how cold or hot it was. He developed a compass to help determine directions. He made different kinds of telescopes to see the stars more clearly. He also used his telescopes in a different way to look at things close up, turning the telescopes into microscopes.

Galileo è diventato famoso per il suo lavoro come astronomo, colui che studia le stelle. Guardando attraverso i suoi telescopi poté osservare stelle e pianeti molto più da vicino di quanto si possa guardandoli ad occhio nudo. Scoprì quattro lune intorno al pianeta Giove, gli anelli attorno al pianeta Saturno e le macchie solari. Vide che sulla Luna c'erano montagne e crateri e che la Via Lattea non era una nuvola, bensì un insieme di stelle.

Queste sono le stesse stelle che vediamo oggi, ma le conosciamo meglio grazie a quello che abbiamo imparato da Galileo Galilei e dai suoi metodi scientifici.

Galileo is best known for his work as an astronomer, someone who studies the stars. Looking through his telescopes he could see the stars and planets as if he were much closer than just looking with his eyes. He discovered four moons around the planet Jupiter, rings around the planet Saturn, and sunspots on the sun. He saw that the moon was rough with mountains and craters and that the Milky Way wasn't a cloud, but many, many stars.

These are the same stars that we see today, but we see them with a better understanding thanks to everything we learned from Galileo Galilei and his scientific methods.

"Allora, che ne pensate, ragazzi? Siete pronti per fare il vostro esperimento scientifico?" chiese l'uomo. "Che cosa possiamo prendere per il nostro lancio delle palle?"

"Il mio pallone!" gridò Marco. "Quello sarà l'oggetto leggero, ma abbiamo anche bisogno di una cosa pesante".
"Ecco un grosso sasso" disse Franco. "Oh" disse, fecendo finta di far fatica a sollevarlo.

I ragazzini portarono la palla e il sasso in cima alla torre. Quando l'uomo disse: "Via!", i bambini lasciarono cadere la palla e il sasso. L'uomo col capello rosso osservò gli oggetti cadere a terra - allo stesso tempo!
Il sasso fece un tonfo e la palla rimbalzò alta in aria e l'uomo con gioia esclamò: "Ce l'avete fatta! Avete dimostrato che Galileo aveva ragione!".

"So, what do you think, boys. Are you ready to conduct our science experiment?" asked the man. "What objects can we use for our ball drop?"

"My soccer ball!" shouted Marco. "That will be light, but we need something heavy."
"Here's a big rock," said Franco. "Ugh." He pretended to struggle to lift it.

The boys carried the ball and the rock to the top of the tower. Finally the man shouted "Go!" and the boys dropped the ball and the rock.

The man in the red hat watched as the ball and the rock dropped to the ground—at the same time!
The rock hit with a "clunk", the ball bounced back up high into the air, and the man exclaimed with joy, "You did it! You proved that Galileo was right!"

Lo Sapevi Che...?

- Sia il padre di Galileo che il figlio erano entrambi suonatori di liuto e si chiamavano Vincenzo Galilei.

- Ai tempi di Galileo non esisteva l'illuminazione stradale, non c'erano palazzi illuminati e altre fonti di luce per cui, di notte il cielo era davvero scuro. Immagina come sarebbe bello poter guardare le stelle in un cielo scuro senza luci che disturbano la vista!

- Galileo non fu il primo a suggerire l'eliocentrismo, la teoria che il sole è al centro del sistema solare. L'astronomo polacco Copernico ne parlò 50 anni prima di Galileo.

- Anche se le idee di Galileo sull'eliocentrismo furono condannate dalla chiesa cattolica, Galileo rimase legato alla chiesa durante tutta la sua vita. Quando la chiesa non accettò le sue idee e lo costrinse a rimanere confinato in casa, Galileo rimase un credente.
  Fu seppellito nella basilica di Santa Croce a Firenze, accanto a Michelangelo ed ad altri artisti e scienziati italiani. Nella biblioteca del Pontificio Consiglio Vaticano per la Cultura c'è una piccola statua di Galileo.

- Tra le invenzioni attribuite a Galileo vi sono la bilancia idrostatica, il termometro, il compasso geometrico militare, il telescopio ed il microscopio composto.

- Il grande scienziato Albert Einstein ha definito Galileo come "il padre della fisica moderna - e della scienza moderna". I suoi metodi di esecuzione degli esperimenti e di modifica delle teorie in base ai risultati di tali esperimenti sono alla base del modello del progresso scientifico.

- Un altro grande scienziato, Stephen Hawking, ha dichiarato: "Galileo, forse più di ogni altra persona, è responsabile per la nascita della scienza moderna.... Galileo fu uno dei primi ad affermare che l'uomo può sperare di comprendere come funzionano le cose e che ciò si può fare osservando il mondo reale".

- Nel 1971 Dave Scott della missione lunare Apollo 15 eseguì l'esperimento di Galileo sulla Luna usando un martello e una piuma. Li lasciò cadere allo stesso tempo e i due oggetti toccarono il suolo della Luna nello stesso istante.

- Le Nazioni Unite hanno dichiarato il 2009 "L'Anno internazionale dell'Astronomia" per festeggiare i 400 anni della prima osservazione della Luna da parte di Galileo.

Did You Know...?

- *Galileo's father and son were both lute players named Vincenzo Galilei.*

- *During Galileo's time there weren't streetlights and lighted skyscrapers and other sources of light, so a night sky late in the evening was truly dark. Imagine seeing all the stars in a perfectly dark sky without any distracting light!*

- *Galileo wasn't the first to suggest heliocentrism, the theory that the sun was the center of the solar system. Polish astronomer Copernicus suggested it 50 years before Galileo.*

- *Although Galileo's support of heliocentrism was condemned by the Catholic Church, Galileo was closely connected to the church throughout his lifetime. When the church disagreed with his teachings and confined him to home arrest, he remained a believer in the Catholic Church.*
  Galileo is now buried in the Basilica di Santa Croce in Florence along with Michelangelo and other Italian artists and scientists. Today there is a small statue of Galileo in the library of The Vatican's Pontifical Council for Culture.

- *Among the inventions credited to Galileo are a hydrostatic balance, an early thermometer, a geometric and military compass, the refracting telescope, and the compound microscope.*

- *The great scientist Albert Einstein has called Galileo "the father of modern physics—indeed of modern science." His method of planning and executing experiments and then adjusting his beliefs based on results is the model for advancing scientific thought.*

- *Another great scientist, Stephen Hawking, said "Galileo, perhaps more than any other single person, was responsible for the birth of modern science...Galileo was one of the first to argue that man could hope to understand how the world works, and moreover, that we could do this by observing the real world."*

- *In 1971 Dave Scott of the Apollo 15 moon mission recreated Galileo's experiment on the moon using a hammer and a feather. He dropped them at the same time and they hit the moon's surface together.*

- *The United Nations named 2009 "The International Year of Astronomy" to celebrate 400 years since Galileo's first reported telescopic observations of the moon.*

Sai rispondere a queste domande?

In che secolo è nato Galileo Galilei? …………………………………………

In che città è nato? …………………………………………………………

Che scuola ha frequentato e che studi ha fatto Galileo? ……………………

…………………………………………………………………………

…………………………………………………………………………

Descrivi uno degli esperimenti più famosi di Galileo:………………………

…………………………………………………………………………

…………………………………………………………………………

…………………………………………………………………………

Descrivi le idee di Galileo che non erano ben accette ai suoi tempi: ……….

…………………………………………………………………………

…………………………………………………………………………

Quali strumenti furono inventati o migliorati da Galileo? …………………

…………………………………………………………………………

…………………………………………………………………………

…………………………………………………………………………

Can you answer these questions?

In which century was Galileo Galilei born? ....

What city was he born in?...

What kind of school did Galileo attend and what did he study?

....

....

Describe one of Galileo's most famous experiments: ....

....

....

....

Describe some of Galileo's ideas that were not well accepted during his times: ....

....

....

What instruments did Galileo invent or improve? ....

....

....

....

Colora e Scrivi / Color and Write

Scrivi il nome di 6 cose che vedi nel disegno:
Write the name of 6 things you see in the drawing:

1. _____   4. _____

2. _____   5. _____

3. _____   6. _____

Have fun and learn with books about famous Italians,
Italian themed stories, nursery rhymes, Italian traditions
and more, all with Italian and English text!

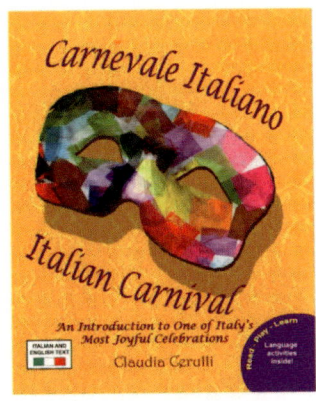
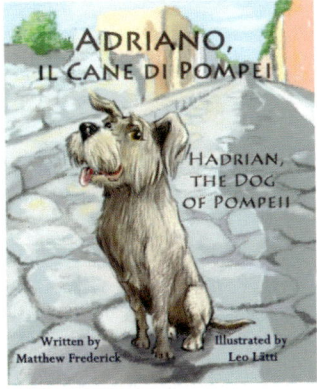

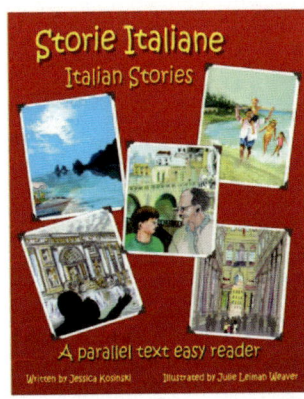
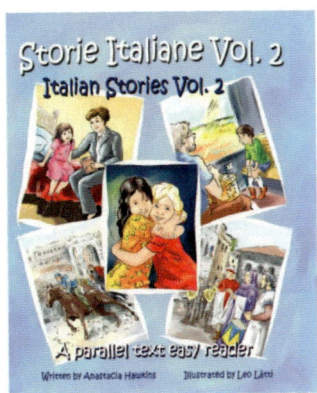

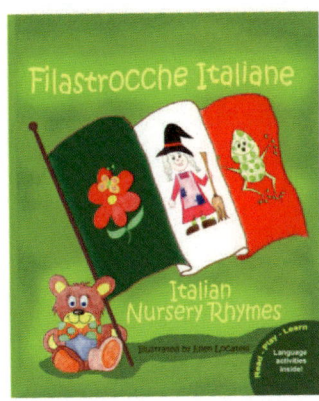

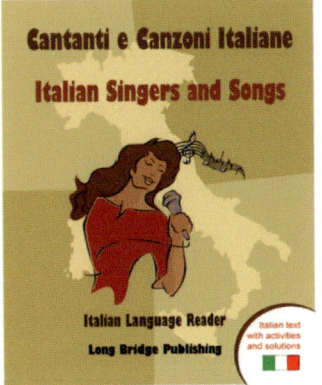

Visit us online at www.LongBridgePublishing.com

Lightning Source UK Ltd.
Milton Keynes UK
UKIC02n2250200416
272640UK00007B/30